Eduardo Zugaib

Autor do best-seller *A Revolução do Pouquinho*

O Fantástico Significado da palavra Significado

Ilustrações

Danielle F. Muquy

AbajouR BOOKS

São Paulo, 2016

www. abajourbooks.com.br

O FANTÁSTICO SIGNIFICADO da palavra SIGNIFICADO

Ilustração: Danielle F. Muquy

Revisão de gente grande: Lilian Arradi Facury

Revisão de gente pequena: Julia A. Mirshawka

Dados Internacionais de Catalogação na Publicação (CIP)
(Câmara Brasileira do Livro, SP, Brasil)

Zugaib, Eduardo
O fantástico significado da palavra significado / Eduardo Zugaib ; ilustrações Danielle F. Muquy. -- São Paulo : Abajour Books, 2016.

ISBN 978-85-69250-06-7

1. Ficção - Literatura infantojuvenil I. Muquy, Danielle F. II. Título.

16-04538 CDD-028.5

Índices para catálogo sistemático:

1. Ficção : Literatura infantojuvenil 028.5
2. Ficção : Literatura juvenil 028.5

Para Silvana e Maria Vitória

Um dia

Seria mais um dia.

Um dia como tantos outros já vividos por Menina.

Que, apesar de já ter lá seus vinte e poucos anos, morar sozinha e trabalhar, ainda era chamada de Menina.

Um apelido que, até onde a memória alcançava, ela trazia desde que tinha começado a compreender as primeiras palavras, na casa dos pais, de quem estava um pouco afastada há algum tempo. Havia discutido com a mãe, uma daquelas discussões sem porquê.

Uma quis ter mais razão que a outra. A outra quis ter mais razão que uma e, ao final das contas, acabaram brigando.

De cabeça quente, falaram coisas que não deviam falar.

E se magoaram. Magoadas, se afastaram.

Isso aconteceu num outro dia, perdido no tempo, há alguns meses, sem ainda ter completado um ano.

E voltamos ao dia de hoje, em que Menina chegou à casa cansada.

Um longo dia de trabalho, algumas horas dentro do ônibus, parado no trânsito.

Trânsito que ficou ainda pior na companhia da chuva que castigara mais uma vez a cidade.

Seria mais um dia, como o tanto de dias já vividos por Menina.

Mas não foi um dia qualquer.

Esse dia foi diferente. Muito diferente.

Diferente porque, tão logo entrou em casa, seu pé chutou um pequeno envelope, colocado pelo vão debaixo da porta.

E ele dizia:

> **"Na primeira hora do primeiro dia útil após receber este envelope, entrar em contato pelo número três, dois, um, etc. e tal. Cordiais saudações do Banco Afinal."**

Na manhã seguinte, logo à primeira hora e alguns minutos, Menina ligou para o telefone tal:

– Bom dia... estou respondendo ao recado que veio no telegrama que me deixaram ontem aqui...

– Sra. Menina?

– Senhorita... Pode falar, sou eu mesma. Quem é você?

– Meu nome é Roberto e sou gerente do Banco Afinal. Puxa vida... afinal conseguimos localizá-la! Tenho algo especial para você. Podemos marcar um horário aqui no banco, ainda nesta semana, para conversarmos melhor?

– Você vai querer me vender alguma coisa? Se for, muito obrig...

– Não – respondeu rindo –, fique tranquila, pois não se trata de venda. Preciso entregar algo para você. Uma chave.

– Uma chave? Pra mim?

– Sim, a chave de um cofre que pertenceu ao seu avô.

Dia e hora combinados. Menina estava frente ao gerente Roberto, do Banco Afinal.

– Há algumas décadas, seu avô alugou um de nossos cofres. Desde então, vários gerentes já passaram por aqui, responsáveis por cuidar deste setor. Como alguns cofres nunca eram abertos porque seus donos raramente apareciam, as informações sobre eles foram sendo arquivadas. Com o passar dos anos, acabaram esquecidas. Há alguns meses, eu assumi essa função no banco. E o fato de alguns cofres estarem nessa situação me intrigou. Procurei, procurei, juntei documentos aqui e ali, cruzei dados e, enfim, consegui chegar ao seu nome... parece que você é a única herdeira dele que vive aqui na cidade...

– Sim... eu vivo sozinha. Meus pais moram longe daqui, e eu já não falo com eles há algum tempo...

Menina, que desde pequena aprendera a se virar sozinha, pegou a chave e junto com o gerente foi até o cofre.

Imaginou rapidamente, sem muita expectativa, o que poderia estar ali dentro, guardado há tantos anos.

Diamantes? Ouro?

Um mapa de tesouro?

Dinheiro sem valor?

Uma carta de amor?

Um recibo de penhor?

– Aqui está... é este o cofre! Fique à vontade, pelo tempo que quiser. Pelas regras do banco, não posso permanecer aqui enquanto você abre. Espero que seja uma boa surpresa! Ah!... e terminando, é só sair. – disse o gerente.

Menina abriu o cofre. De dentro, puxou uma caixinha em forma de gaveta e colocou-a sobre a mesa.

Abriu-a e dela tirou um embrulho em papel pardo. Tateando o envelope, percebeu que se tratava de um caderno.

A hora tinha corrido. Ou melhor, voado.

Menina já estava mais que atrasada para o trabalho. Pegou o estranho pacote, guardou-o na bolsa, fechou o cofre e saiu, acenando uma despedida de longe para o gerente.

Tinha pela frente mais um dia e, fosse o que fosse ali dentro do pacote, iria ver somente em casa.

Seria um diário?

Recibos antigos de salário?

Um livro culinário?

Um conto do vigário?

“Deixa pra lá... mais tarde eu vejo isso com calma...”, pensou, esquecendo-se aos poucos do pacote, conforme os problemas do dia e do trabalho se avolumavam à sua frente.

Um longo dia se foi.

Que seria apenas mais um dia, se Menina não tivesse levado para casa um estranho envelope, que trazia um estranho caderno, deixado por um avô estranho, do qual pouco ou quase nada sabia.

Seria mais um dia. Mas não foi.

Em casa, à noite, de cabeça cheia pelo dia chato no trabalho, Menina estava se preparando para dormir quando, deitada, já com a luz apagada, teve um estalo:

– O envelope! – E correu para buscar o pacote, que deixara sobre a mesa.

Com cuidado, desembrulhou aos poucos o pacote em papel pardo. De dentro, surgiu um caderno com capa em couro, escrita com letras coloridas.

Teve uma sensação parecida com a que você, que está lendo agora, terá...

O seu Significado

Uma noite

Seria apenas mais uma noite.

Uma noite como tantas outras já vividas por Menina. Que apesar de já ter lá seus vinte e poucos anos, morar sozinha e trabalhar, ainda era chamada de Menina.

Mas ela não era chamada de Menina apenas por essa razão.

Sua essência ainda era a mesma, de quando ainda era uma menina.

E era lá, na sua essência, que ela conheceu o fantástico significado da palavra "significado", por meio da mágica criada pelo avô que não conhecera, mas que havia aprendido como congelar o tempo, apenas provocando nas pessoas aquilo que elas tinham de melhor.

Seria "significado" um "motivo"? Um pouco sim, mas não tudo...

Seria "razão"? Não de todo, mas um pouco sim...

Seria "propósito"? Um pouco sim e um pouco não...

Com o livro que o avô deixara para ela e que chegara de um jeito curioso às suas mãos, Menina aprendera que a palavra "significado" não era necessariamente uma palavra para se dar um significado.

Era uma dessas palavras feitas para gente mais sentir e viver do que falar. Quando simplesmente falada, estranhamente parecia perder boa parte da sua força.

Era preciso vivê-la, colocando nela toda a força do nosso coração, que sempre batia mais forte naquele único dia em que podíamos senti-lo de verdade: o hoje.

Sim.

"Significado" era algo muito maior do que quem inventou essa palavra e a escreveu pela primeira vez poderia imaginar.

E Menina ficou assim, matutando na descoberta que havia feito, praticamente sozinha, contando apenas com a ajuda do avô que não conhecera, mas que parecia conhecê-la como ninguém.

Uma ajuda que tanto tempo ficou perdida, trancada em um cofre no banco onde, junto com aquele livro, o avô também tinha guardado um pedaço do tempo.

Pedaço este que costurava o passado e o presente, com a certeza de que, no momento em que ele chegasse às mãos de Menina, também a ajudaria a perceber e enxergar melhor o futuro.

Abraçou forte o livro, como se, com ele, abraçasse também o avô.

E também sua mãe.

E seu pai.

E toda a sua história, que naquele momento percebera como era linda.

E emocionada, chorou.

E chorando, dormiu.

E dormindo, sonhou.

E no sonho, também riu e também chorou.

No dia seguinte, quando acordou, percebeu que tudo ao seu redor tinha mudado, mesmo sem nada ter saído do lugar.

Sua vida, a partir daquele dia, passaria a ter um novo e fantástico significado.

Um significado que inspire a você, que está chegando ao final desta história, a também congelar um pouco o tempo, criando com suas próprias palavras mais um fantástico significado para a palavra "significado":

O meu significado para palavra "significado" é:

6. ---

O livro acabou.
Mas o significado
nunca pode acabar.

Este livro é um acerto de contas com a Vida.

Sem saber, ela acabou provocando um vazio profundo ao levar meu pai embora antes da minha filha chegar.

Na linha do tempo, um vácuo de pouco mais de um ano e meio separa essa importante parte da minha história, que foi o meu pai, dessa importante parte do meu legado, que é a minha filha.

Canceriano que sou, não deixo este tipo de coisa pra lá: essa "diferença" eu acerto nessa história. Ela foi criada para fazer avô e neta encontrarem-se de um jeito mágico.

E também para encantar, emocionar e fazer sentido para leitores dos 9 aos 99 anos. Espero que você, que chegou até aqui, independente da idade ou dos desafios que esteja enfrentando na vida, perceba a importância de buscar dentro de si os significados que fazem seu passado, seu presente e seu futuro – e tudo o que há neles – valerem muito a pena.

Nao leve a mal, Vida... eu nao iria deixar barato!

559 dias separam meu pai e minha filha.
Um dia, ao mostrarmos um porta-retrato com a foto do avô, ao invés de pegar o objeto, ela espontaneamente tocou a imagem. Um momento mágico, que corri para fotografar, e onde percebi a importância de amarrar nossa história e nosso legado no dia de hoje, vivendo uma vida com sentido, propósito e significado. Neste dia, o recado da Vida foi claro:
- Cara! É por aí mesmo...

Eduardo Zugaib

é profissional de comunicação, escritor, coach, consultor e palestrante. Autor do best-seller motivacional “A Revolução do Pouquinho – Pequenas Atitudes provocam Grandes Transformações”.

www.eduardozugaib.com.br
falecom@eduardozugaib.com.br

AbajouR BOOKS

www. abajourbooks.com.br

Em BUSCA do SIGNIFICADO

Para uma
Menina especial

Um dia...

Seria mais um dia.

Mais um dia na escola e na vida de Menina, que por ser ainda uma menina, ainda não tinha assim, como eu posso dizer, vivido tantos dias.

Mas não foi um dia qualquer.

Esse dia foi diferente. Bem diferente.

Após as contas de Matemática, o desenho de Artes, a explicação de Ciências e os mapas de Geografia, ao final da aula, a professora escreveu na lousa uma palavra que todos já tinham ouvido falar, mas que, na verdade, ninguém ali conhecia.

Nome
Turma
Atividade para casa
Escreva cinco significados para a palavra significado.
1.
2.
3.
4.
5.
6.

Quando se virou, disse para a turma:

– Hoje temos uma lição de casa diferente... aqui está a folha desta atividade:

– A tarefa é simples: vocês precisarão perguntar, para cinco pessoas, aquilo que, para cada uma delas, significa "significado".

– Hã, fessora? – Os alunos se olharam sem entender direito.

Anotem no caderno de vocês:

Tarefa de Casa, para o fim de semana: descobrir, sem olhar no dicionário, o que significa a palavra "significado".

E assim o fizeram, enquanto a professora explicava novamente:

– Dos seis espaços que há na folha, vocês preencherão cinco. E como farão isso? Perguntando para cinco pessoas diferentes o que para elas significa a palavra "significado".

Por exemplo, quando chegarem em casa, perguntem para a mamãe, para o papai, para o vovô e a vovó.

Perguntem para os vizinhos, para o padeiro e para o moço da banca de jornal. Se tiverem irmãos mais velhos, tios e primos, perguntem também.

Vocês podem perguntar para quem quiserem. Anotem o que significa a palavra "significado" para cada uma das pessoas escolhidas.

Cada caderno que havia naquela sala de aula saiu com o desafio escrito, inclusive o caderno de Menina.

Orgulhosa da missão que a professora havia passado, Menina começava a sentir um friozinho na barriga, que mais pareciam borboletas batendo asas.

Ela precisaria descobrir, perguntando para cinco pessoas, o que, afinal de contas, significava o tal do "significado".

Lembrava-se de já ter perguntado ao pai e à mãe o significado disso, daquilo e também daquilo outro.

Mas nunca lhe passara pela cabeça perguntar qual seria o significado da palavra "significado".

O 1º Significado

Na porta da escola, o avô a esperava.

Tão logo pôs os pés para fora, deu a mão ao velho, que a acompanharia dali até em casa.

– "Bença", vô!

– Deus te abençoe, minha querida. Tudo bem na aula hoje?

– Tudo bem... quer dizer... mais ou menos. Tenho que fazer uma lição que vai ser um pouco difícil. A professora pediu para perguntar para um monte de gente o significado da palavra "significado". Me ajuda, vô?

– Hummm... que pergunta difícil... mas eu topo esse desafio com você. Vamos andando? No caminho a gente vai pensando melhor no assunto. Também gostaria de saber o que significa esse tal de "significado"...

E foram, caminhando pela calçada, seguindo pelos quarteirões que separavam a casa da escola.

Em silêncio, ambos pensavam no que poderia significar "significado". Até que o avô parou e disse:

– "Significado" pra mim é alguma coisa assim, que leva a gente a ser o que a gente é...

– Como assim?

– Deixe-me tentar explicar:... sabe aquilo que carregamos dentro da gente além do nosso coração, do nosso estômago e dos nossos pulmões?

O que é significado? Cinco significados diferentes para as pessoas diferentes
O que é significado? diferentes para as pessoas diferentes
O que é significado? diferentes para as pessoas diferentes
O que é significado? diferentes para as pessoas diferentes
O que é significado? diferentes para as pessoas diferentes

– Sei... o intestino?

– Nãão, Menina! – o velho riu. Nem intestino, nem fígado, nem sangue, nem osso... é algo além disso tudo... "significado" é o que faz a gente seguir sempre em frente...

– Hummm... nossas pernas?

– Hahaha! – o velho riu novamente – ... não, não são as pernas... mas podemos dizer que é o que faz elas se movimentarem, andarem na direção de algo que queremos, dos nossos sonhos... acho que é isso: **"significado" é o que nos faz ir em busca dos nossos sonhos**.

– Hummm... peraí, vô! Tenho que anotar isso...

Enquanto andavam, Menina dava pequenas paradas, para anotar aquilo que o avô lhe dizia.

Sentia que a pesquisa sugerida pela professora não seria uma lição como as que já tinha feito. Mais que uma lição, seria uma pequena aventura...

– Tenho uma ideia... – disse o avô, sabendo que Menina adorava essa frase – amanhã sairemos em busca de outros significados para a palavra "significado". Que tal?

Nome Menina Turma B

Atividade para casa

Escreva cinco significados para a palavra significado.

1. Significado é o que nos faz ir em busca dos nossos sonhos.

2.

3.

4.

5.

– Oba! Eu quero!

– Hoje vamos preparar nossa expedição. Devemos levar lanche, fruta, blusa, guarda-chuva e chapéu. Papel e lápis também. Vou ver se meu antigo gravador está funcionando, pois podemos precisar dele. Falarei com sua mãe, quando ela vier buscá-la.

Menina vibrava quando o avô falava assim, decidido. Sempre que isso acontecia, era emoção na certa.

Quando perceberam, estavam na porta da casa. Lá de dentro vinha o cheirinho delicioso do almoço preparado pela avó. As borboletas que haviam em seu estômago tinham sossegado um pouco. Agora, na barriga dela, havia um leão rugindo.

– Estou com uma fome... – falou para o avô.

Quando o almoço terminou, já tinha passado do meio-dia. Durante a tarde ficaria na casa dos avós, até que a mãe viesse buscá-la, assim que saísse do trabalho. Até lá, iria tentar ao menos começar a decifrar o enigma: a busca do significado da palavra "significado".

Menina olhou para o papel por horas, sem conseguir fazer nada além de escrever a palavra "significado" diversas vezes, em vários tamanhos, além de alguns rabiscos e desenhos.

Menina

SIGNI
FICA
DO

Pode ser:
amor
chocolate
animais
pais
praia

Significado?
Significado?
Significado?

SIGNIFICADO?

5 pessoas diferentes
+ 5 significados diferentes
10

Casa
↳ significado

Era uma vez uma menina chamada Menina que precisava descobrir 5 significados para a palavra **significado...**

Olá! Eu sou a Menina!
Preciso descobrir
cinco significados!

O soninho da tarde começava a dar as caras. Começou a piscar duro, olhando para o papel. Vencida pelo cansaço, dormiu.

Despertou algumas horas mais tarde, já na cama do quarto de visitas, para onde havia sido levada pelo avô enquanto dormia.

Pelas vozes que vinham da sala, sua mãe havia chegado. Era hora de ir para casa.

O 2º Significado

A noite de Menina foi de um sono leve. A toda hora acordava, ansiosa pela missão que enfrentaria junto com o avô, assim que amanhecesse: descobrir o significado da palavra "significado". Ao lado da cama, a mochila pronta e a roupa que usaria.

"Ding-dong!", soou a campainha.

Menina saltou da cama e trocou-se em segundos. Em pouco tempo estava na cozinha, onde encontrou o avô tomando café.

O velho estava vestido como um caçador, de bermuda, bota, camisa de botão e chapéu.

SIGNIFICADO

Trazia também a sua mochila, onde carregava, além do guarda-chuva e do lanche, o gravador e uma máquina fotográfica.

– Pronta para nossa missão?

– Sim, vovô.

Café tomado, dentes escovados, e lá se foram os dois, rumo à porta, de onde iniciariam a busca do significado da palavra "significado".

– Tchau, mãe! – disse Menina.

– Tchau, minha nora! – disse o avô.

– Boa sorte! – disse a mãe. E cuidado, viu?

– Fique tranquila, querida! Ninguém vai se meter com um caçador de significados tão experiente como eu...

– Esse vovô é doido! – disse a mãe de Menina. Todos riram.

O sol havia acabado de nascer. A manhã anunciava um dia quente, sem chuva, o que ajudaria bastante na pesquisa.

– Sabe, vô... nem dormi direito... acordava toda hora pensando no significado da palavra "significado"...

– Fique tranquila que vamos descobrir isso, minha querida... Quando eu tinha a sua idade, também me preocupava bastante com as coisas que ainda não conhecia.

Alguns quarteirões depois, chegaram à banca de jornal do bairro. Seu Moacir, o dono da banca, deu bom dia aos dois, que retribuíram. Menina perguntou baixinho ao avô:

– Vamos começar com ele?

– Sim, sim... vamos. Pergunte a ele, que eu lhe dou cobertura. Anote tudo, enquanto eu disfarço e ligo o gravador. Um time funciona assim, certo? – disse o avô, piscando o olho para Menina.

Ela respirou fundo, ensaiou um pouco o que ia falar, mexendo apenas a boca, até que criou coragem:

– Seu Moacir, você pode me responder uma pergunta? É para a escola...

– Sim, Menina. Respondo quantas você quiser. Qual é?

– Eu gostaria que o senhor me dissesse: qual o significado da palavra "significado"?

O JORNAL
FLOR&FLOR
Certificado
Melhor Banca da Cidade
AMOR MEU

CÃOBELO
BELAFACE
A FOCA
MY BABY
SAIBA MAIS
VIP
OLHA ELA
BFF

O homem parou um pouco, torceu a boca e franziu a testa...

– Sabe que eu nunca tinha pensado nisso? No significado de "significado"? Que pergunta difícil, hein?

Enquanto o dono da banca pensava, olhando para o nada, o avô cochichou no ouvido de Menina, sem que o homem percebesse:

– Estamos indo bem... estamos indo bem....

– Pode responder com suas palavras, Seu Moacir...

– Significado... olha, eu acho que "significado" significa **a razão daquilo que fazemos**... vou tentar dar um exemplo, que é o meu trabalho aqui na banca. Todo dia, de segunda a segunda, eu acordo cedinho e chego aqui antes das pessoas saírem de suas casas para o trabalho. É a hora em que elas passam aqui para saber as notícias, para comprar um jornal. Vir aqui significa algo para elas... assim como é a razão de eu estar aqui, logo cedo, para recebê-las.

Seu Moacir continuou:

– Aquilo que me faz acordar antes delas e estar aqui é a forma que eu vejo de explicar o que significa "significado". É... acho que é isso... "significado" é a razão. A razão daquilo que nós fazemos.

Lápis e papel em mãos, Menina começou a anotar.

Nome Menina Turma B

Atividade para casa

Escreva cinco significados para a palavra significado.

1. Significado é o que nos faz ir em busca dos nossos sonhos.

2. Significado é a razão daquilo que fazemos para nós e para todos.

3.

4.

Enquanto Menina ouvia o dono da banca falar sobre o significado de “significado” e escrevia palavra por palavra, o avô havia, discretamente, ligado o gravador. Menina escrevia, o avô gravava.

– Obrigado, Seu Moacir!

– Volte sempre, Menina! E me traga um desafio mais fácil da próxima vez, hein?

Menina e o avô prosseguiram a caminhada.

Já tinham a segunda pista sobre o significado da palavra “significado”.

O 3º Significado

Andaram, andaram, andaram. Andaram até chegar à pracinha e, assim que viram um banco, sentaram-se.

– Vamos ficar um pouco aqui, Menina. Passa muita gente pela praça e alguma pessoa deve aparecer daqui a pouco. Olha lá... não disse?

Ao longe, uma mulher trazia um pequeno pacote. Sentou-se em um banco próximo ao deles, abriu o pacote, pôs a mão dentro e tirou de lá um punhado de farelo.

Jogou no chão e, logo em seguida, diversos passarinhos começaram a rodeá-la, ciscando a refeição.

– Vamos lá, perguntar a ela – disse Menina, levantando-se e sendo seguida pelo avô.

– Bom dia! – disseram juntos.

– Bom dia, tudo bem? – respondeu a mulher, com um sorriso curioso ao perceber aquele senhor vestido de caçador e a menininha, ambos com mochila nas costas.

– Meu nome é Menina e este é o meu avô. Qual o seu nome?

– Meu nome é Rita.

– Dona Rita... a senhora pode me ajudar com a minha pesquisa? É um trabalho da escola e meu avô está me ajudando...

– Claro que ajudo... se estiver ao meu alcance, pode contar comigo. O que você tem que pesquisar?

– A professora pediu pra gente descobrir um negócio um tanto quanto diferente... não é sobre bicho ou comida. Não é sobre gente, nem profissão. Nem sobre um país, floresta ou oceano...

– Hum... estou ficando curiosa...

– Bom, a pesquisa que tenho que fazer é sobre significado. Para você, qual é o significado da palavra "significado", dona Rita?

– Nossa! Que pesquisa difícil essa, hein, Menina? Realmente é uma pergunta e tanto... é o tipo de coisa em que a gente nunca para pra pensar...

– O avô afastou-se para olhar de longe o trabalho de Menina. Não queria interferir ou influenciar sua descoberta. Mas, antes, deu um jeito de deixar o gravador ligado próximo a elas. Dona Rita começou a divagar:

– Vou tentar responder usando um pouco do meu dia a dia... tudo bem? Bem... eu acho que o significado da palavra "significado" quer dizer... bem, deixe-me tentar buscar a palavra... acho que quer dizer... por exemplo: todo dia pela manhã, depois que eu compro meu pãozinho quente na padaria, eu passo aqui na pracinha para trazer um pouco de comida para os passarinhos.

E continuou:

– Gosto de cuidar deles e percebo que, a cada dia, desde que comecei a fazer isso, eles também gostam mais de mim. No início eram apenas alguns passarinhos. Mas agora, eles vêm aos montes, como você pode ver. Assim que piso na praça e um deles percebe que sou eu, já começa a voar por perto, aterrissa e começa a caminhar ao meu lado... os outros o seguem e fazem a mesma coisa. Em menos de um minuto estou cercada de passarinhos, todos me olhando, esperando que eu abra o saco de farelo e comece a jogar para eles. Parece saberem que eu gosto de fazer isso e, então, se aproximam sem medo. Já vi outras pessoas tentarem fazer o mesmo e aparecerem apenas dois ou três passarinhos para comer em sua volta. Quer ver só?

Dona Rita pegou um pouco do farelo e ergueu a mão aberta na forma de concha, sem derrubá-lo. Segundos depois um pássaro colorido pousou nas pontas de seus dedos, parecendo olhar para ela, pedindo permissão para comer.

– Uaaaau! Isso é um tipo de mágica que você faz? – perguntou a menina, encantada.

– Parece que é mágica, mas não é – continuou Dona Rita. – Tudo aquilo que fazemos em nossas vidas precisa de um porquê. Eu venho todos os dias aqui na pracinha alimentar os pássaros, porque eu acredito que, fazendo esse bem para eles, também estou fazendo um bem maior pra mim. Eu os alimento com o farelo que precisam para ter energia e continuar voando e cantando, e eles me retribuem em forma de alegria e de companhia por alguns momentos, todos os dias.

Enquanto Dona Rita falava, Menina a olhava com muita atenção, anotando tudo, ao mesmo tempo em que o gravador do avô registrava:

– Hoje, se eu não fizer isso em um dia, esse dia parece que fica se arrastando... as coisas parecem que dão errado e eu não encaro os problemas com a mesma disposição. Comecei a observar que, para receber felicidade da vida, a gente precisa, antes de tudo, aprender a dar felicidade.

– E como a gente 'dá' felicidade? perguntou Menina.

– É mais simples do que parece: dando um pouco daquilo que temos de melhor ou que temos sobrando. Quando a gente assume esse compromisso, a vida ganha um porquê diferente...

Dona Rita parou um pouco, pensou e disparou:

– Ei! É isso que eu queria dizer: **"significado" pra mim é o que nos movimenta e nos faz buscar momentos de satisfação** como esse que eu tenho todos os dias com os passarinhos, aqui na praça. É isso... pra mim, o significado da palavra "significado" é o porquê das coisas. E falando nisso... acho que agora estou começando a entender o porquê dessa pesquisa que a professora pediu pra vocês...

Menina sorriu.

A pesquisa estava ficando cada vez mais interessante.

Quem diria que algo que parecia tão difícil iria resultar em respostas tão surpreendentes como essas que já tinha conseguido?

Nome Menina Turma B

Atividade para casa

Escreva cinco significados para a palavra significado.

1. Significado é o que nos faz ir em busca dos nossos sonhos.

2. Significado é a razão daquilo que fazemos para nós e para todos.

3. Significado é o que nos movimenta e nos faz buscar momentos de satisfação.

4.

5.

6.

O 4º Significado

Chegando em casa, o avô sentou-se no sofá, para esticar as pernas e ler o jornal. Nem bem virou três páginas, e o sono o pegou.

Menina deixou os materiais sobre o tapete e deitou-se no chão, de barriga para baixo, olhando o papel que trazia suas anotações.

Estava lendo atentamente quando os bichinhos da casa, o gato Branco e a cadela Brenda, entraram correndo e passaram a fazer festa para ela.

Enquanto o gato enroscava-se em suas pernas, a cachorrinha tentava lamber seu rosto, fazendo cócegas e arrancando risos.

– Para, Brenda! Por que você quer lamber minha cara?

Tão logo falou isso, a menina percebeu que ali poderia ter uma explicação para a palavra "significado". Afinal, os bichos não fariam isso à toa.

Para os bichos, aquela alegria toda em vê-la deveria ter algum significado. Só faltava saber o que era esse significado.

Lápis à mão, escreveu no papel da pesquisa, logo após as anotações que obtivera de Dona Rita, a moça que alimentava os pássaros na praça, do seu Moacir, da banca de jornal, e do avô.

– Vovô...

– Rooonccc... hum, Menina? ... – respondeu o velho, sonolento.

– Por que o Branco e a Brenda fazem tanta festa pra gente, a cada vez que a gente chega em casa? Nem faz tanto tempo assim que a gente saiu e, quando a gente volta, parece que ficamos um ano fora...

– Hummm... pode falar... estou te ouvindo...

– Então... por quê, hein, vô...

– Humm...

– Vô?

– Roooonncccc...

– Por quê, hein?

– ... Hum? Ah!... os bichos, né? – O velho abriu devagarinho os olhos... hum... eles ficam felizes quando a gente chega... acho que o significado disso é querer a gente bem, estar perto, ficar junto, receber um carinho...

– Eles fazem parte da família?

– É... podemos dizer que sim! Eles conhecem a gente melhor do que muita gente lá fora... sabem quando estamos felizes, quando estamos tristes... Quando se aproximam da gente, parece que sabem o que estamos sentindo...

– Hum... será que podemos dizer que isso é um... significado?

– Acho que sim... podemos dizer que, para eles, o significado da palavra "significado" é fazer parte da vida da gente...

Menina olhou para os dois bichos, que haviam sossegado. E que, sentando-se próximo ao avô, pareciam prestar atenção ao que o velho dizia, às vezes inclinando a cabeça, como duas corujinhas com rabo.

Menina, percebendo que ambos escutavam atentamente as palavras do avô, perguntou aos dois:

– É isso mesmo, Branco e Brenda?

Os dois viraram-se para ela, levantando-se e indo em sua direção, a fazer mais festa...

– É verdade que o significado da palavra "significado" pra vocês é **ficar junto e fazer parte da vida de quem a gente gosta?**

Nem bem terminou de falar e os dois já estavam em cima dela, o gato enroscando-se em suas pernas e a cachorrinha tentando lamber seu rosto novamente...

– É... acho que eles concordaram... – disse o avô, voltando a ressonar.

Menina pegou o papel da pesquisa e iniciou a quarta anotação pedida pela professora.

Nome Menina Turma B

Atividade para casa

Escreva cinco significados para a palavra significado.

1. Significado é o que nos faz ir em busca dos nossos sonhos.

2. Significado é a razão daquilo que fazemos para nós e para todos.

3. Significado é o que nos movimenta e nos faz buscar momentos de satisfação.

4. Significado é ficar junto e fazer parte da vida de quem a gente gosta!

5.

6.

O 5º Significado

Tocou a buzina em frente à casa dos avós de Menina. Já era fim de tarde, horário em que sua mãe viria buscá-la para irem para casa.

Dos cinco significados pedidos pela professora, faltava apenas um para finalizar a pesquisa. Menina gostaria também de ouvir sua mãe, sobre o que ela achava que significava "significado".

– Tchau, vô! Tchau, vó!

– Tchau, minha querida! – respondeu a avó.

– Faltou alguma coisa, Menina? – perguntou o avô.

– Sim... faltou um significado para a palavra "significado"...

– Humm... não é disso que estou falando... – disse o avô, ajoelhando-se e virando o rosto em direção à Menina, para ganhar um beijo. – Isso também é um significado para a palavra "significado". Mas não é um significado que a gente escreve, mas sim que a gente sente.

A Menina correu em direção ao casal de velhos e tascou um beijo demorado na bochecha de cada um.

– Agora, sim, teve significado essa pesquisa! – brincou o avô.

No carro, Menina estava pensativa. Não poderia imaginar que descobriria tanta coisa escondida atrás da palavra "significado", que tinha, como pudemos ver, muitos significados.

– Como foi seu dia, filha?

– Foi muito legal, mãe... eu e o vovô saímos caçando os significados da palavra "significado"... Conseguimos bastante coisa! Agora faltam apenas dois significados... e aproveitando, vou perguntar pra você: qual o significado da palavra "significado", mamãe?

A mulher, que olhava para o trânsito, não desviou o olhar. Pensou um pouco e, devagarinho, começou a falar:

– Para mim e para seu pai, a melhor definição de "significado" é... você!

– Como assim?

– Sim... você, Menina. Durante muito tempo nós quisemos ter uma filha como você, mas por alguns probleminhas de saúde, não podíamos ter filhos. Chegamos a pensar que isso não era pra gente, que na nossa vida isso seria algo impossível. E, por um tempo, desistimos... Ficamos tentando nos convencer de que não fazia sentido ficar esperando por algo que nunca aconteceria. E sufocamos dentro de nós essa vontade, durante anos, fazendo outras coisas pra desviar a atenção. Mas, lá no fundo, a vontade de encontrar esse significado permanecia. O que não tinha passado por nossa cabeça, ainda, é que uma filha linda e especial como você não precisaria ter nascido da minha barriga... poderia muito bem nascer do nosso coração...

Menina prestava atenção em cada palavra da mãe, que continuou:

– É lá, no coração, que mora o sentido de tudo. E quando nós colocamos o nosso coração em primeiro lugar, tudo passou a fazer sentido. E desse dia em diante, passamos a acreditar e alimentar o sonho de ter uma filha como você, com a certeza de que ela nasceria em outro lugar, da barriga de outra mãezinha muito especial. Uma mãezinha com tanto amor que, para não deixar a filha sofrer, abriria mão inclusive de poder ficar perto dela, de vê-la crescer e de criá-la, com a certeza que ela estaria bem e feliz...

A mãe de Menina suspirou fundo, e seus olhos encheram-se de lágrimas.

Menina também estava emocionada, com a carinha entre os bancos da frente do carro e a cabeça encostada no ombro da mãe.

Ali não estavam apenas mãe e filha, mas duas melhores amigas, que trocavam confidências e que, entre si, não guardavam segredos. Tanto que, desde pequenina, Menina sempre soube de sua origem através das historinhas contadas pela mãe e pelo pai, a quem também amava muito.

A mãe continuou:

– Pra mim, minha querida, "significado" significa isso: a vida **ter um sentido maior** do que simplesmente as tarefas do dia a dia. **Um sentido especial, que faça a gente sentir vontade de levantar bem todo dia, com vontade de viver, de ter boas conquistas, de compartilhar.** E também de conseguir tudo isso respeitando as outras pessoas, sem machucar ou magoar ninguém, com respeito ao nosso planeta e sem causar mais problemas do que o mundo já tem. Significado é a gente saber que viemos para este mundo não para ser mais um problema, mas sim, para ser a solução de muitos deles...

A mãe parou de falar, pois já estavam entrando na rua de casa. Olhou para o retrovisor e percebeu que Menina estava encostada no banco, anotando no caderno aquilo que ela havia acabado de falar.

Menina estava cansada.

Também, pudera! A missão dada pela professora tomou boa parte do dia, e ela o passou andando com o avô, entrevistando pessoas e anotando.

Chegou em casa e foi direto para o banho.

E do banho, foi jantar.

E ainda ficou lendo suas anotações, deitada no tapete da sala, repetindo cada palavra nova e cada significado da palavra "significado" que havia descoberto naquele dia.

Cansada, pegou no sono ali mesmo, sem se preocupar em ir para a cama. Ela sabia que, sempre que dormia na sala, uma mágica acontecia durante a noite, fazendo-a acordar no dia seguinte em seu quarto.

E a pesquisa de Menina ficou assim:

Atividade para casa

Escreva cinco significados para a palavra significado.

1. Significado é o que nos faz ir em busca dos nossos sonhos.

2. Significado é a razão daquilo que fazemos para nós e para todos.

3. Significado é o que nos movimenta e nos faz buscar momentos de satisfação.

4. Significado é ficar junto e fazer parte da vida de quem a gente gosta!

5. Um sentido especial que faça a gente sentir vontade de levantar bem todo dia, com vontade de viver, de ter boas conquistas, de compartilhar.

6.

De volta à Escola

Manhã nova, de um novo dia.

Mas não era um dia qualquer.

Seria um dia especial: o dia em que a Professora recolheria as pesquisas que os alunos tinham feito.

Menina pensou:

"Nossa! Se cada aluno da sala trouxe pelo menos 5 significados para a palavra "significado", vamos ter muitos, muitos, muuuuitos significados pra aprender."

Depois do habitual bom dia, a Professora distribuiu fita crepe aos alunos, para que pudessem colar nas paredes da sala o resultado de suas pesquisas.

E a sala de aula, um lugar que até então era percebido pelos alunos como quatro paredes, uma lousa, uma mesa e um tanto de carteiras, em alguns poucos minutos, ficou cheia de significados.

A professora, então, pediu para os alunos passearem os olhos por todos os papéis ali expostos.

E que, em silêncio, todos lessem o resultado da pesquisa dos colegas.

Alguns risinhos depois, daqueles que não conseguiam ficar com a boca fechada nem por um minuto, e também daqueles que tentavam fazer caretas para tirar a concentração dos colegas, e a turma silenciou de vez.

Todos, inclusive os mais inquietos, passaram a ler e a perceber o tanto de significados que uma única palavra poderia ter, desde que fosse uma palavra como "significado".

Em todas as folhas, dos seis espaços, cinco estavam preenchidos com significados diferentes entre si. E também diferentes de todos os demais significados escritos nas folhas espalhadas pela sala.

Todas as folhas tinham apenas uma coisa em comum. E essa coisa era: as linhas em branco que tinham ficado no sexto espaço.

Aos poucos, aquele vazio ao pé da página fez com que todos, devagarinho, começassem a formar uma pergunta na cabeça.

E a pergunta era: **quem preencheria aquele último espaço**, aquele mesmo que a professora tinha pedido para eles deixarem em branco.

Percebendo a dúvida, a mestra sorriu, satisfeita por ter conseguido despertar a sala toda para uma intensa busca de significado.

Mais de uma hora de leitura naquela sala, em que se podia ouvir a respiração das pessoas, e a professora quebrou o silêncio:

Nome Eduardo Fortes Turma B..
Atividade para casa
Escreva cinco significados para a palavra significado.
1. Tio Zé ... ficar no meio da natureza.
2. Vó Dolores ... a felicidade das coisas simples.
3. Thiago (melhor amigo) ... a diversão com os amigos.
4. Senhor Moreira (vizinho) ... o florescer do seu jardim.
5. Mãe (Silmara) ... ver todos com saúde e alegria.
6.
ESCOLA ELEMENTAR

Um
UNDO
de
FICADOS
Nome Julia Alegrette Turma B
Atividade para casa
Escreva cinco significados para a palavra significado.
1. Significado para meu pai: Saúde
2. Significado para minha mãe: sua casa cheia nos domingos
3. Significado para meu primo: ter muitos primos pra brincar
4. Significado para meu namorado: Eu!
5. Significado para vovó: Netos
6.

– Vocês devem estar se perguntando alguma coisa, não estão?

– Sim, prô...

– E essa coisa, qual é?

– Quem vai escrever o último espaço? – perguntou Menina, que não deixava suas dúvidas para depois.

A professora respondeu:

– Esse espaço é para vocês, daqui a alguns anos, responderem qual o significado que a palavra "significado" ganhou em suas vidas. Afinal, se não prestamos atenção nas coisas que fazemos, acabamos perdendo todos os significados que a palavra "significado" pode ter na vida da gente. Recolham seus papéis e guardem-nos bem guardados.

E continuou:

– Eu sei que muitos de vocês vão acabar perdendo este papel nos próximos anos. Outros o guardarão tão bem guardado, que não o encontrarão por um bom tempo. O importante é que, no futuro, ele possa reaparecer de uma forma mágica... Pode ser dentro de um livro. Ou amassado em uma caixa de recortes. E também desbotado, no fundo de uma gaveta. Pode ser num velho gravador. Pode ser dentro de uma garrafa enterrada no jardim e, quem sabe, até mesmo guardado em forma de história, num velho caderno trancado num cofre de banco... Antes de me tornar professora, durante muito tempo não me preocupei com o que se passava à minha volta, nem com os outros. Não gostava do meu trabalho, brigava por qualquer coisa e cheguei a ficar um bom tempo sem falar com minha mãe e meu pai. Não apenas morava, mas me sentia sozinha... parecia que eu vivia desconectada do que era mais importante!

As crianças ficaram em absoluto silêncio, ouvindo a professora. Era a primeira vez que ela falava de si, e não com raiva ou desgosto pelo que já tinha passado, mas com gratidão por ter uma história para honrar e para contar. Continuou:

– Um dia, recebi um estranho telegrama, que avisava sobre um pacote deixado num cofre de banco que havia sido de meu avô... um avô que não cheguei a conhecer.

A professora respirou fundo e continuou:

– Ele havia ficado doente, de uma doença muito forte, que acabou vencendo-o. E, sabendo que isso poderia acontecer, ele deu um jeito de congelar o tempo...

– Como assim, professora? – A curiosidade da turma aumentou ainda mais.

– Durante sua doença, ele percebeu que quando a vida possui um significado, o tempo passa a ser um pequeno detalhe. Passado, presente e futuro tornam-se um tempo único... As coisas sem importância passam, mas o essencial da gente permanece.

– E o que tinha no pacote, professora? – Menina perguntou.

– Era um caderno com uma história cheia de significados para a palavra "significado"... E que, depois de desembrulhado, folheado e lido, transmitia uma sensação de descoberta muito parecida com a que vocês tiveram, fazendo a pesquisa sobre os significados. Esse caderno me acompanha até hoje, e sempre que sinto que as coisas ao meu redor estão perdendo o significado, eu o pego, folheio, leio e releio. E só o fecho quando renovo o significado da palavra "significado". Da mesma forma que vocês vão fazer, agora, quando virarem essa página...